チューリップのこもりうた

宮田 滋子 童謡詩集
田中槇子 絵

JUNIOR POEM SERIES

銀の鈴社

もくじ

Ⅰ　チューリップのこもりうた

Ⅱ

あかちゃん　かたつむり

Ⅲ

よなかのおひなさま

Ⅳ　むかしって　いつ

Ⅰ　チューリップのこもりうた

おはな

あさ　おきたら
おはなにむかって
おはようって　あいさつするの
おはなは　きこえるんだって
ほんと　ほんと
ちゃんと　いうこと　わかるんだって

ひに　なんども
おはなをながめて
きれいねって　ほめてあげるの
おはなは　うれしいんだって
そして　そして　そして
もっと　きれいに　なるんだって

チューリップのこもりうた

チューリップは　ねむる
ひぐれに　ねむる
〝もう　おやすみ〟って　おひさまに
いわれたかな
きっと　そうね
ねんねん　ねんねん　ねんねしな

チューリップは　ねむる
つぼんで　ねむる
ちょうちょの　たのしい　おはなしを
しまったかな
きっと　そうね
ねんねん　ねんねん　ねんねしな

シャボンソウ

はっぱを　つんで
モミモミすれば
たちまち　あわだつ
シャボンソウ
どろんこあそびで
よごれたてでも
みごと　へんしんするんだよ

まほうのように
ゆびから　ゆびへ
みどりが　あわだつ
シャボンソウ
南無《なむ》南無《なむ》してると
あわせたてが　ね
あわふきむしに　なるんだよ

サボテンサボテンかたぐるま

サボテン　サボテン　かたぐるま
ひろがるうみを　ながめてる
そてつのはっぱが　じゃますると
もひとつ　ぽこりと　かたぐるま
すえっこぼうやを　かたぐるま

サボテン　サボテン　かたぐるま
でてゆくふねを　おくってる
みなとへかえって　くるころは
ぽこぽこ　ぽこりと　かたぐるま
みつごのあかちゃん　かたぐるま

ひまわりのうみ

いちめんの　ひまわりばたけは
きんいろの　きんいろのうみ
あおぞらに　つらなるあたり
はるかにひろがる　すいへいせん
ほら　うまれたくもが
しろい二《に》そうの　ふねになったよ
はち月《がつ》の　ひまわりばたけは

きんいろの　きんいろのうみ
おきからの　かぜがわたれば
まぶしさいっぱい　ゆれるなみ
ほら　トンビがそらで
なにか　しきりに　さがしているよ

だいすきな　ひまわりばたけは
きんいろの　きんいろのうみ
もぐったら　せがたたないで
ちらちら　おひさま　みえるだけ
あれ　いつのまにやら
むぎわらぼうし　さらわれちゃった

きっと　そうよ

けむりは　いつも
もくもく　もくもく
そらにむかう
きっと　くもになりたいのね
かぜが　あそぼうと　さそっても
あそぶふりして
すぐ　のぼる

けむりは　きょうも
ゆらゆら　ゆらゆら
たかくのぼる
そうよ　くもになりたいのよ
あめに　とおせんぼ　されたって
あきらめないで
また　のぼる

あめのあし

あめのあしって　ちいさいな
あしあとも　てんてん　で
ちいさいな
そんなに　ちいさい　くつした
ないから
あめは
すあし
いつだって

あめのあしって　ながいな
おそらから　じめんまで
ながいな
そんなに　ながい　ながぐつ
ないから
あめは
はだし
いつだって

あきのかぜさん

ふうせんかずらの
ちゃいろい　ふうせん
ついているのは
　ついているのは
　　かぜさん

みのむしぼうやの
ちいさい　ブランコ

おしているのは
　おしているのは
　　かぜさん

あかトンボ　すいすい
しずかな　ひこうき
のっているのは
　のっているのは
　　かぜさん

きいちゃった

きいちゃった　きいちゃった
〝アイタッ〟って
どんぐりさんが　さけんだの
きいちゃった
たかい　えだから
おちたとき

きいちゃった　きいちゃった
〝わーい!〟って
ヤマアリさんが　かけよるの
きいちゃった
すきな　あめだま
みつけたとき

きいちゃった　きいちゃった
きりかぶで　おべんと　たべながら

やまびこさん

おーい
——おーい

たにの　むこうの
山《やま》に　すむ
やまびこさん
たかいところが　すきなのね
よべば　へんじはするけれど

とうげに
みねに
かくれてる

やまびこさーん
やまびこさんは
こどもかなぁ　おとなかなぁ
――こどもかなぁ　おとなかなぁ

Ⅱ　あかちゃん　かたつむり

あかちゃん　かたつむり

おうちをしょって　うまれたね
かたつむり
――だれに　もらったの？
　かみさまに　もらったの？
すごいプレゼントね

おうちをしょって　はいはいね
かたつむり
——だれに　みせたいの？
かあさんに　みせたいの？
はやく　あえるといいね

いつ　やすむ

おはよう　アリさん
あさから　せっせと
はたらくね
きょうは　にちようなのに

こんにちは　アリさん
おひるは　どこかで
すませたの
　はしりどおし　みたいだけど

さよなら　アリさん
ゆうひと　いっしょに
かえるのね
　やっと　ひといき　つけるわね

へんな　へびさん

へびさん　へびさん
どこまで　おのど？
――う　う　うーん
　かぜをひいて
あかくはれなきゃ　わからない

へびさん　へびさん
どこから　おなか？
――う　う　うーん
ねびえをして
いたくならなきゃ　わからない

ことりの　ようちえん

すずめぐみは
にぎやかに
こえだで　ブランコ
ブランコゆらゆら
　よそみして　おちないでね

めじろぐみは
みんなして

こえだで　おしくら
おしくらまんじゅう
　おしすぎて　おちないでね

つばめぐみは
とびながら
こえだを　くぐるよ
くぐって　おにごっこ
ちゅうがえり　きをつけてね

もう　ねたの？

ぶたの　あかちゃん
もう　ねたの
おちち　のみのみ
そのまま　ねたの

ぶたの　あかちゃん
もう　ねたの

けんか　わすれて
ならんで　ねたの

ぶたの　あかちゃん
もう　ねたの
ママの　いびきに
だかれて　ねたの

コアラのかあさん

コアラのかあさん
ねんねんよと　こどもを　おんぶ
おっきしても　そのまま　おんぶ
かわいいからね
あまえるからね
そうなのね

コアラのかあさん
あめがふると　こどもを　だっこ
つよいかぜにも　しっかり　だっこ
ぬれないように
おちないように
そうなのね

あかちゃんパンダ

あそぶの　だいすき
あかちゃんパンダ
ころんだときも　ぐるん
でんぐりがえしを　ぐるん　ぐるん

あそぶの　だいすき
あかちゃんパンダ

しょくじのあとも　ぐるん
おはちをかぶって　ぐるん　ぐるん

あそぶの　だいすき
あかちゃんパンダ
しかられたときも　ぐるん
あやまるふりして　ぐるん　ぐるん

ひつじ　と　ひつじ

まきばの　ひつじが
よんでいる
そらの　ひつじを
よんでいる
――おーい　みんな
おりておいでよ
こっちには
おいしいくさが　いっぱい！

そらの　ひつじが
よんでいる
まきばの　ひつじを
よんでいる
――おーい　みんな
のぼっておいでよ
こっちはね
かこいがなくて　せいせい！

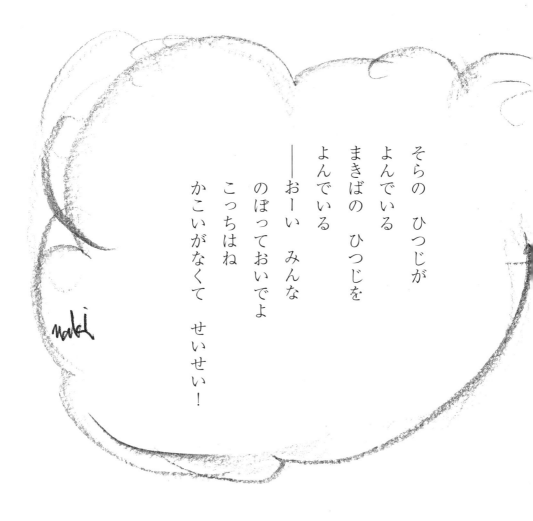

どうぶつえんのしろくまさんは

あまり　あついから
しろくまさんは
もらったよ
こおりのプレゼント
どかんっ！

ほっきょく　うまれの
しろくまさんは

おおよろこび
こおりのかたまりを
　がりっ！

ぜーんぶ　ぼくの　と
しろくまさんは
はなさない
こおりをだっこして
　がりっ　がりっ　がりっ

ペンギンさんのふく

ペンギンさんの
ふくは　くろと　しろ
じゅうじか　さげたら
ぼくしさん　みたいだね

ペンギンさんて
いつも　よそゆきね

おすまし　してると
はなむこ　みたいだね

ペンギンさんたら
それは　みずぎなの⁉
いきなり　ざんぶり
ダイバー　みたいだね

Ⅲ　よなかのおひなさま

はるのかくれんぼ

ふきのとう
ふきのとう　みつかった
だれに　だれに　みつかった
はるの　おひさまに　みつかった
みつかって　うれしい
ふきのとう

つくしんぼ
つくしんぼ　みつかった
だれに　だれに　みつかった
はるの　かぜさんに　みつかった
みつかって　うれしい
つくしんぼ

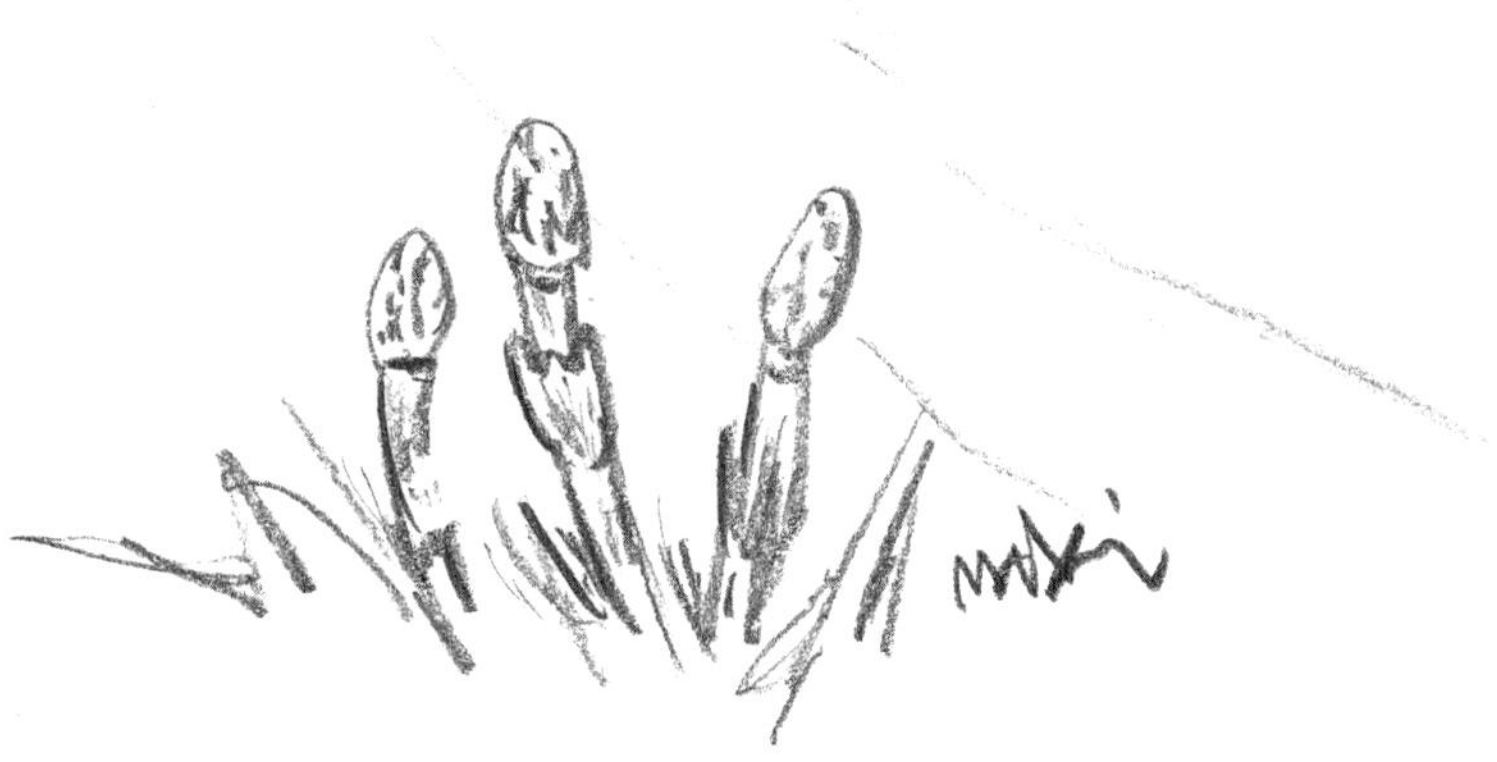

三がつ　三がつ　つくしんぼ

トルコのぼうしの
つくしんぼ
がくたいさんかな
つくしんぼ
せんろのどてに
せいぞろい

でも　でも　てぷらの

つくしんぼ
がっきをわすれた
つくしんぼ
行進曲《マーチ》をかなでて
すすめない

きをつけしたまま
つくしんぼ
ためいきついてる
つくしんぼ
なぐさめよう　と
まう　ちょうちょ

よなかのおひなさま

よるになったら　おひなさま
しろざけ　ひしもち　ひなあられ
こっそり　めしあがっているのかな
ぼんぼりきえた　ひなだんで

がっきをもった　おひなさま
とくいのつづみ　ふえ　たいこ
みんなで　たのしんでいるのかな
おはやしかなでて　うたったり

よあけちかくに　おひなさま
もとのとおりに　ならびおえ
しずかに　ひとねむりしてるかな
だれにもしられず　すやすやと

ひよこがうまれた

まるくて　つるつる
しらかべの　おうち
ひよこ　ひよこ
どこから　でるの

ここよ　と
コツコツ　つつくおと

われる　われる　こまかいヒビ
あいた　あいた　ちいさなアナ

ようやくうまれた
ピヨピヨ　ひよこ

すぐすぐ　ママの
おなかのしたに　かくれんぼ

たけのこぼうや

たけのこぼうや　さむがりね
はるでも　みんな　さむがりね
かわジャンみたいな　ベビーふく
たくさんきこんで　きぶくれて

たけのこぼうや　ずんぐりね
まだまだ　みんな　ずんぐりね
かあさんみまもる　たけやぶで
のっぽになるゆめ　みているの？

かあさん　さやさや　こもりうた
はっぱを　ゆらして　こもりうた
たけのこぼうや　ねながらも
こっそりせのび　しているの？

あせ

ぽつ　ぽつ　ぽつ
あせの　おてんばさん
おはなの　すべりだい
つー　つー　つるっ
もっと　すべりたくても
ひとり　一かい
たった　一かい

だく　だく　だく
あせの　わんぱくさん
おでこの　すべりだい
すー　すー　するっ
もっと　すべりたくても
みんな　一かい
たった　一かい

なつのおわりに

セミさんと
スズムシさん

どこで
バトンタッチした？
ひるまと　ひぐれの
さかいめで

セミさんと
スズムシさん

なにで
バトンタッチした？
たがいに　とくいの
うたごえで

まってて

おひさまが
ベランダの　おふとんに
ねむってる
きっと　ゆめを　みてるのね
おかあさん　まってて
まだ
おふとん　たたかないで

アカトンボが
ふくらんだ　おふとんで
やすんでる
とても　きもちよさそうね
おかあさん　まってて
いま
おふとん　とりこまないで

しもばしら

しもばしら
さむいのに　はだかんぼ
はだかんぼ　はずかしい
あたまだけ　かくしてる
かくしても　みえてるよ
しもばしら

しもばしら
ひとばんで　のっぽさん
のっぽさん　なにたべた
たべたもの　すぐわかる
わかるけど　いわないよ
しもばしら

つららのハープ

つららの　ハープ
ひくのは　だれ？
――かぜのこども
ほんとだよ
つめたい　おててで
ピピン　ピピンと
ひくんだよ

つららの　ハープ
ひくのは　いつ？
――それはよなか
ほんとだよ
かじかむ　おてて
ピピン　ピピンと
ひくんだよ

Ⅳ むかしって　いつ

カギホックのうた

あさ
また　あえたね　って
ちいさい　ちいさい　あくしゅ
うれしい　うれしい　あくしゅ
わたしの　ワンピースの
せなかで

よる
また　あおうね　って
はなすよ　はなすよ　あくしゅ
さびしい　さびしい　あくしゅ
わたしの　ワンピースの
せなかで

ようちえんにいく　あさ

ハンカチさん
テッシュさん
はやく　はやく　ポケットに
はいってください
　でかけまーす

かわぐつさん
ぼうしさん

いつも　いつも　のるバスが
みえてきました
　いそぎまーす

てぶくろさん
てぶくろさん
ママに　ママに　てを　ふって
バイバイしましょう
　はっしゃでーす

こだぬきさん

てぶくろで　つくった
こだぬきさん
ぷっくり　ふとって
かわいいよ
てぶくろで　つくった
こだぬきさん

はらつづみ　うっても
ならないよ

てぶくろで　つくった
こだぬきさん
ひとりっこなのが
さびしいよ

パパのえ

がようしに
パパのかおを　かいた
おでこがひろい　パパ
かみのけは　かぞえて
みみのうえに　かいた

がようしを
うらがえして　かいた

うしろむきの　パパ
かみのけを　いっぱい
おまけして　かいた

ガラスのドアでにらめっこ

ガラスにかおを　おしあてて
むこうとこっちで　にらめっこ
あの子《こ》は　はなぺしゃ　ブルドッグ
ふきだしそうなの　がまんして
わたしのほっぺは　プンプクリン

じぶんのかおは　みえないが
そうぞうしながら　にらめっこ

おそらく　ちんくしゃ　ペキニーズ※
あのこはおかしさ　のみこんで
むすんだおくちを　ピクピコリン

※ペキニーズ　小型犬《こがたけん》の一種《いっしゅ》

あけてびっくり

あけてびっくり　びっくりばこ
いつも　いじわるする
あのこに　あげよ
なにをいれたか
ないしょの　ないしょ
はやくびっくりがお　みたいな

あけてびっくり　びっくりばこ
いつも　いじわるする
おかえしだもん
いきてるものを
つめたよ　つめた
すごいびっくりがお　みたいな

ぼくのいいひ

ぼくの　いいひ
それはね
しゅくだいがないひ
かあさんに　しかられないひ

ぼくの　いいひ
それはね

サッカーでかったひ
せんせいに　ほめられたひ
ぼくの　いいひ
それはね
席《せき》がえをしたひ
すきなこが　となりにきたひ

三《さん》りんしゃでのぼろ

さかみちを
三りんしゃで　のぼろ
おにいちゃんの
あとをおいかけて
がんばれ　がんばれ
ぼくのあし
やすんじゃ　だめ　だめったら
まだ　はんぶんだ

きついけど
三りんしゃで　のぼろ
おにいちゃんは
まってくれないから
　しっかり　しっかり
　ぼくのあし
バテては　だめ　だめってば
あと　ひと息《いき》だ

ソックス　ソックス　はかせたよ

あたらしい
ピアノの　いす
ほそい　あしに
ソックス　ソックス
けいとのソックス　はかせたよ
ピアノの　おけいこ
まいにちするね　って
やくそくしながら　はかせたよ

いたのまの
ピアノの　いす
かたい　あしに
ソックス　ソックス
ふわふわソックス　ぴったりね
おけいこ　するとき
つい　ひきずっちゃっても
しずかにすべって　あんしんね

むかしって　いつ

むかし　むかし
そのむかしって
おばあちゃんが　いう
おとぎばなしの　はじまりに
だけど　むかしって　いつ
ねぇ　ねぇ　いつ？

むかし　むかし
そのむかしは…ね
おばあちゃんが　いう

むかし　むかしの　おおむかし
そんな　むかしって　いつ
いったい　いつ？

むかし　むかし
おおむかしにも
おばあさんが　いて
むかしばなしを　してたって
そんな　おばあさんって　だれ
いきてた　むかしって　いつ?!

ポテト　ポテト　ポテト

ねむれないから　かぞえるポテト
ワン　ポテト
ツー　ポテト
スリー　ポテト
ねむる　おまじない
ねむる　おまじない
きくと　いいな

あたまのなかを　ころがるポテト
フォア　ポテト
ファイブ　ポテト

シックス　ポテト
ねむる　おまじない
ねむる　おまじない
はやく　きいて

てじなみたいに　でてくるポテト
セブン　ポテト
エイト　ポテト
ナイン　ポテト
ねむる　おまじない
ね・む・る　お・ま・じ・な・い
はやく…　き…　い…　て…
テン　ポテト

あとがき

『赤い鳥』誕生一〇〇年に当たる今年。私個人としては、童謡を書き始めてからまだ五〇数年ですが、この記念すべき年に、幼児から低学年向けの九冊目の童謡詩集を出すことにしました。

当時、木曜会の勉強会が開かれていたサトウハチロー師匠宅。床の間のガラス戸棚には『赤い鳥』の合本がずらっと並んでいました。「宮田クン。童謡だけ書いていればいい」、とおっしゃったそのお声が、今も胸にひびいています。

童謡は歌うものですが、「大きな声で読んでみましょう」と、いつも楽しいイラストを添えて巻頭に紹介して下さっている学習雑誌があり、多くの子どもたちに広まっていくのは何よりです。

この度の詩集を、心温まる絵で飾って下さった田中槇子さま。本当にありがとうございます。ずっと以前、サトウ先生の『詩集　おかあさん』(講談社)を拝見してから、その絵に惹かれていつか是非と思っていました。願いが叶って嬉しいかぎりです。

サトウ先生亡き後も、長くお世話になりました宮中雲子さんを始め、木曜会の皆さんには、心から感謝しています。

出版に際しまして、今回も親身なお力添えをいただきました銀の鈴社の皆さまに、厚くお礼を申し上げます。

二〇一八年　早春

宮田滋子

姉さん！　できましたよ。「チューリップのこもりうた」いつものようにテーブルで眼鏡をかけての最終校正でしたね。

しばらく前から「もう一冊だしたいの」と言っていましたね、完成おめでとう！　最近はソファでうつらうつらすることが多かった姉さん。

人生そのものだった木曜会のすてきなお仲間や、大好きだったかあさんのうたう「チューリップのこもりうた」を聴きながらゆっくりおやすみなさい…

そして、ありがとう。

妹　鳥居八重子

作曲 memo：

ひまわりの海（新藤建也・曲）
夜中のおひなさま（三原安美子・曲）
パパの絵（甘利美知子・曲）
むかしって　いつ（中田一次・曲）
ポテト　ポテト　ポテト（上　明子・曲）

詩・宮田　滋子（みやた　しげこ）
1932年　茨城県生まれ。県立下館二高、慶應義塾大学文学部卒業。
1962年　木曜会入会、サトウハチローに師事。
1980年　『星のさんぽ』により第10回日本童謡賞サトウハチロー記念賞。
1989年　「おるすばんの　おるすばん」により第５回三木露風賞優秀賞。
1998年　『星の家族』により第28回日本童謡賞受賞。
2012年　『さくらが走る』により第42回日本童謡賞受賞。
著作に、ジュニアポエム双書のほか、現代児童文学詩人文庫『宮田滋子詩集』ほか童謡集、詩集、歌曲、合唱組曲等々。
日本童謡協会理事。
2018年1月27日逝去。享年85歳。
本書の最終校正を確認されてのご逝去でした。

絵・田中　槇子（たなか　まきこ）
武蔵野美術大学卒業
デザイナー・アートディレクターを経てイラストレーター

NDC911
神奈川　銀の鈴社　2018
99頁　21cm（チューリップのこもりうた）

ジュニアポエムシリーズ　276
2018年3月3日初版発行
本体1,600円＋税

チューリップのこもりうた

著　者　宮田　滋子©　絵・田中　槇子©
シリーズ企画　㈱教育出版センター
発行者　柴崎聡・西野真由美
編集発行　㈱銀の鈴社 TEL 0467-61-1930　FAX 0467-61-1931
〒248-0017　神奈川県鎌倉市佐助1-10-22佐助庵
http://www.ginsuzu.com
E-mail　info@ginsuzu.com

ISBN978－4－86618－037－3 C8092
落丁・乱丁本はお取り替え致します
印刷　電算印刷
製本　渋谷文泉閣

…ジュニアポエムシリーズ…

1 鈴木敏史詩集 宮下琢郎・絵 星の美しい村 ★☆
2 小池知子詩集 高志孝子・絵 おにわいっぱいぼくのなまえ ★☆
3 鶴岡千代子詩集 武田淑子・絵 白い虹 児文芸新人賞
4 楠木しげお詩集 久保雅勇・絵 カワウソの帽子
5 津坂治男詩集 垣内美穂・絵 大きくなったら ★◇
6 後藤れい子詩集 山本まつ子・絵 あくたれぼうずのかぞえうた
7 北村蔦子詩集 柿本幸造・絵 あかちんらくがき
8 吉田瑞穂詩集 吉田翠・絵 しおまねきと少年 ★⍂◎
9 新川和江詩集 葉祥明・絵 野のまつり ★☆
10 阪田寛夫詩集 織茂恭子・絵 夕方のにおい ★◆○☆
11 高田敏子詩集 若山憲・絵 枯れ葉と星 ★☆
12 原田直友詩集 吉田翠・絵 スイッチョの歌 ★◎
13 小林純一詩集 久保雅勇・絵 茂作じいさん ★◉●☆◎
14 谷川俊太郎詩集 長新太・絵 地球へのピクニック ★◎
15 与田準一詩集 深沢省三・深沢紅子・絵 ゆめみることば ★

16 岸田衿子詩集 中谷千代子・絵 だれもいそがない村
17 江間章子詩集 榊原直美・絵 水と風 ◇◎
18 原田直友詩集 小野まり・絵 虹―村の風景― ★
19 福田正夫詩集 福田達夫・絵 星の輝く海 ★☆
20 草野心平詩集 長野ヒデ子・絵 げんげと蛙 ★☆○◇
21 宮田滋子詩集 青木まさる・絵 手紙のおうち ☆○
22 久保田昭三詩集 斎藤彬子・絵 のはらでさきたい
23 鶴岡千代子詩集 加倉井和夫・武田淑子・絵 白いクジャク ★●
24 尾上尚子詩集 まど・みちお・絵 そらいろのビー玉 ★☆ 児文協新人賞
25 水上紅詩集 深沢紅子・絵 私のすばる ☆
26 野呂昶詩集 福島一二三・絵 おとのかだん ★
27 こやま峰子詩集 武田淑子・絵 さんかくじょうぎ ☆
28 青戸かいち詩集 駒宮録郎・絵 ぞうの子だって
29 まきたかし詩集 福田達夫・絵 いつか君の花咲くとき ★☆♡
30 薩摩忠詩集 駒宮録郎・絵 まっかな秋 ★☆♡

31 新川和江詩集 福島一二三・絵 ヤァ!ヤナギの木 ★☆○♡
32 井上靖詩集 駒宮録郎・絵 シリア沙漠の少年 ★☆♡
33 古村徹三 詩・絵 笑いの神さま
34 江上波夫詩集 青空風太郎・絵 ミスター人類 ○☆
35 秋原秀夫詩集 鈴木義治・絵 風の記憶 ★◎
36 水村三千夫詩集 武田淑子・絵 鳩を飛ばす
37 久冨純江詩集 渡辺安芸夫・絵 風車 クッキングポエム
38 日野生三詩集 吉野晃希男・絵 雲のスフィンクス ★
39 佐藤雅子詩集 佐藤太清・広瀬きよみ・絵 五月の風 ★
40 小黒恵子詩集 武田淑子・絵 モンキーパズル ★
41 木村信子詩集 山本典子・絵 でていった
42 中野栄子詩集 吉田翠・絵 風のうた ☆
43 宮田滋子詩集 牧村慶子・絵 絵をかく夕日 ★
44 大久保ティ子詩集 渡辺安芸夫・絵 はたけの詩 ★☆
45 秋原秀夫詩集 赤星亮衛・絵 ちいさなともだち ♥

☆日本図書館協会選定(2015年度で終了)　●日本童謡賞　♧岡山県選定図書　◇岩手県選定図書
★全国学校図書館協議会選定(SLA)　♡日本子どもの本研究会選定　◆京都府選定図書
□少年詩賞　■茨城県すいせん図書　♥秋田県選定図書　⍂芸術選奨文部大臣賞
○厚生省中央児童福祉審議会すいせん図書　♣愛媛県教育会すいせん図書　◉赤い鳥文学賞　◆赤い靴賞

…ジュニアポエムシリーズ…

- 46 日友靖子詩集 藤城清治・安西明美・絵 猫曜日だから ◆☆
- 47 秋葉てる代詩集 武田淑子・絵 ハープムーンの夜に ♡
- 48 こやま峰子詩集 山本省三・絵 はじめのいーっぽ ★♡
- 49 黒柳啓子詩集 金子滋・絵 砂かけ狐 ♡
- 50 三枝ますみ詩集 武田淑子・絵 ピカソの絵 ☆♡●
- 51 夢虹二詩集 武田淑子・絵 とんぼの中にぼくがいる ♡○♥
- 52 はたちよしこ詩集 まど・みちお・絵 レモンの車輪 □♣
- 53 大岡信詩集 葉祥明・絵 朝の頌歌 ★☆♡♥◎
- 54 吉田瑞穂詩集 吉田翠・絵 オホーツク海の月 ★☆♡
- 55 さとう恭子詩集 村上保・絵 銀のしぶき ★☆♡
- 56 星乃ミミナ詩集 葉祥明・絵 星空の旅人 ★☆♡
- 57 葉祥明 詩・絵 ありがとう そよ風 ★♡▲
- 58 青戸かいち詩集 初山滋・絵 双葉と風
- 59 小野ルミ詩集 和田誠・絵 ゆきふるるん ★☆●♡
- 60 なぐもはるき 詩・絵 たったひとりの読者 ★♡♣
- 61 小関秀夫詩集 小倉玲子・絵 風《かざ》栞《しおり》 ★♡♥
- 62 海沼松世詩集 守下さおり・絵 かげろうのなか ☆♡
- 63 山本龍生詩集 小倉玲子・絵 春行き一番列車 ♡
- 64 小泉周二詩集 深沢省三・絵 こもりうた ★☆♡
- 65 かわてせいぞう詩集 若山憲・絵 野原のなかで ♡★♥
- 66 えぐちまき詩集 赤星亮衛・絵 ぞうのかばん ♡◆♥
- 67 池田あきつ詩集 小倉玲子・絵 天気雨 ♡
- 68 藤井則行詩集 君島美知子・絵 友へ ♡♤
- 69 藤哲生詩集 武田淑子・絵 秋いっぱい ★♠
- 70 日友靖子詩集 深沢紅子・絵 花天使を見ましたか ★
- 71 吉田瑞穂詩集 吉田翠・絵 はるおのかきの木 ★
- 72 小島禄琅詩集 中村陽子・絵 海を越えた蝶 ☆★♥♡
- 73 にしおまさこ詩集 杉田幸子・絵 あひるの子 ★
- 74 山下竹二詩集 徳田徳志芸・絵 レモンの木 ★
- 75 高崎乃理子詩集 奥山英俊・絵 おかあさんの庭 ★♡
- 76 檜きみこ詩集 広瀬弦・絵 しっぽいっぽん ★●□☆♡
- 77 たかはしけいこ詩集 高田三郎・絵 おかあさんのにおい ♡♣□
- 78 星乃ミミナ詩集 深澤邦朗・絵 花かんむり ♥☆♡
- 79 佐藤照雄詩集 津波信久・絵 沖縄 風と少年 ☆♡★
- 80 相馬梅子詩集 やなせたかし・絵 真珠のように ♥★
- 81 小島禄琅詩集 深沢紅子・絵 地球がすきだ ★
- 82 鈴木美智子詩集 黒澤梧郎・絵 龍のとぶ村 ◇★♥
- 83 いがらしれいこ詩集 高田三郎・絵 小さなてのひら ☆
- 84 宮入黎子詩集 小倉玲子・絵 春のトランペット ☆★
- 85 下田喜久美詩集 方振寧・絵 ルビーの空気をすいました ☆
- 86 野呂昶詩集 方振寧・絵 銀の矢ふれふれ ★
- 87 ちよはらまちこ詩集 ちよはらまちこ・絵 パリパリサラダ ★
- 88 秋原秀夫詩集 徳田徳志芸・絵 地球のうた ☆★
- 89 中島あやこ詩集 井上緑・絵 もうひとつの部屋 ★
- 90 藤川こうのすけ詩集 葉祥明・絵 こころインデックス ☆

✲サトウハチロー賞　✣毎日童謡賞　♠奈良県教育研究会すいせん図書
☼三木露風賞　✧北海道選定図書　㊇三越左千夫少年詩賞
♤福井県すいせん図書　◈静岡県すいせん図書
▲神奈川県児童福祉審議会推薦優良図書　◎学校図書館図書整備協会選定図書（SLBA）

…ジュニアポエムシリーズ…

- 91 新井 和 詩集 / 高田 三郎・絵　おばあちゃんの手紙 ☆★
- 92 はなわたえこ 詩集 / えばとかつこ・絵　みずたまりのへんじ ★●
- 93 柏木 恵美子 詩集 / 武田 淑子・絵　花のなかの先生 ☆
- 94 中原 千津子 詩集 / 寺内 直美・絵　鳩への手紙 ★
- 95 高瀬 美代子 詩集 / 小倉 玲子・絵　仲なおり ★
- 96 杉本 深由起 詩集 / 若山 憲・絵　トマトのきぶん ☆★◎ 児文芸新人賞
- 97 宍倉 さとし 詩集 / 守下 さおり・絵　海は青いとはかぎらない ♧
- 98 石井 英行 詩集 / 有賀 忍・絵　おじいちゃんの友だち ■
- 99 なかのひろ 詩集 / アサト・シェラ・絵　とうさんのラブレター ☆★
- 100 小松 静江 詩集 / 藤川 秀之・絵　古自転車のバットマン
- 101 石原 一輝 詩集 / 加藤 真夢・絵　空になりたい ☆✤★
- 102 小泉 周二 詩集 / 西 真里子・絵　誕生日の朝 ☆■★
- 103 くすのきしげのり 童謡 / わたなべあきお・絵　いちにのさんかんび ☆★
- 104 成本 和子 詩集 / 小倉 玲子・絵　生まれておいで ☆★✤♡♧
- 105 伊藤 政弘 詩集 / 小倉 玲子・絵　心のかたちをした化石 ★
- 106 川崎 洋子 詩集 / 井戸 妙子・絵　ハンカチの木 □★☆
- 107 柘植 愛子 詩集 / 油野 誠一・絵　はずかしがりやのコジュケイ ✤
- 108 新谷 智恵子 詩集 / 葉 祥明・絵　風をください ☆◈○●♡✣
- 109 金親 尚子 詩集 / 牧 進・絵　あたたかな大地 ☆
- 110 黒柳 啓子 詩集 / 吉田 翠・絵　父ちゃんの足音 ☆★♡□
- 111 富田 栄子 詩集 / 油野 誠一・絵　にんじん笛 ♡☆
- 112 原 国子 詩集 / 高畠 純・絵　ゆうべのうちに ☆△
- 113 宇部 京子 詩集 / スズキコージ・絵　よいお天気の日に ○□●☆◇★
- 114 武鹿 悦子 詩集 / 牧野 鈴子・絵　お花見 ☆□
- 115 山本 なおこ 詩集 / 梅田 俊作・絵　さりさりと雪の降る日 ☆★
- 116 小林 比呂古 詩集 / おおた 慶文・絵　ねこのみち ☆
- 117 後藤 れい子 詩集 / 渡辺 あきお・絵　どろんこアイスクリーム ☆
- 118 重清 良吉 詩集 / 高田 三郎・絵　草の上 ☆□❀◆★
- 119 宮中 雲子 詩集 / 西 真里子・絵　どんな音がするでしょか ✲★
- 120 前山 敬子 詩集 / 若山 憲・絵　のんびりくらげ ☆★
- 121 川端 律子 詩集 / 若山 憲・絵　地球の星の上で ♡
- 122 たかはしけいこ 詩集 / 織茂 恭子・絵　とうちゃん ♡❀♣★
- 123 宮田 滋子 詩集 / 深澤 邦朗・絵　星の家族 ☆●
- 124 国沢 たまき 詩集 / 唐沢 静・絵　新しい空がある
- 125 池田 あきつ 詩集 / 小倉 玲子・絵　かえるの国 ★
- 126 黒田 恵子 詩集 / 倉島 千賀子・絵　ボクのすきなおばあちゃん ☆★♡
- 127 垣内 磯子 詩集 / 宮崎 照代・絵　よなかのしまうまバス ☆♡★
- 128 小泉 周二 詩集 / 佐藤 平八・絵　太陽へ ❀★●☆♡
- 129 中島 和子 詩集 / 秋里 信子・絵　青い地球としゃぼんだま ☆★
- 130 のろさかん 詩集 / 福島 一二三・絵　天のたて琴 ☆
- 131 加藤 丈夫 詩集 / 葉 祥明・絵　ただ今受信中 ☆★
- 132 北原 悠子 詩集 / 深沢 紅子・絵　あなたがいるから ♡
- 133 池田 もと子 詩集 / 小倉 玲子・絵　おんぷになって ♡
- 134 鈴木 初江 詩集 / 吉田 翠・絵　はねだしの百合 ★
- 135 垣内 磯子 詩集 / 今井 俊・絵　かなしいときには ★

△長野県教育委員会すいせん図書　✡㈶日本動物愛護協会推薦図書
◈茨城県推奨図書

…ジュニアポエムシリーズ…

136 秋葉てる代詩集 やなせたかし・絵 おかしのすきな魔法使い ●★
137 青戸かいち詩集 永田萠・絵 小さなさようなら ✿★
138 柏木恵美子詩集 高田三郎・絵 雨のシロホン ♡★
139 藤井則行詩集 阿見みどり・絵 春だから ♡★◎
140 黒田勲子詩集 山中冬児・絵 いのちのみちを
141 南郷芳明詩集 的場豊子・絵 花時計
142 やなせたかし詩・絵 生きているってふしぎだな
143 内田麟太郎詩集 斎藤隆夫・絵 うみがわらっている
144 しまざきふみ詩集 島崎奈緒・絵 こねこのゆめ ♡
145 糸永えつこ詩集 武井武雄・絵 ふしぎの部屋から ♡
146 石坂きみこ詩集 鈴木英二・絵 風の中へ ♡
147 坂本のこ詩集 坂本こう・絵 ぼくの居場所 ♡
148 島村木綿子詩・絵 森のたまご ✿
149 楠木しげお詩集 わたせせいぞう・絵 まみちゃんのネコ ★
150 牛尾良子詩集 上矢津・絵 おかあさんの気持ち ♡

151 三越左千夫詩集 阿見みどり・絵 せかいでいちばん大きなかがみ ★
152 水村三千夫詩集 高見八重子・絵 月と子ねずみ
153 川越文子詩集 横松桃子・絵 ぼくの一歩ふしぎだね ★
154 すずきゆかり詩集 葉祥明・絵 まっすぐ空へ
155 西田純詩集 葉祥明・絵 木の声水の声
156 清野倭文子詩集 水科舞・絵 ちいさな秘《ひ》密《みつ》
157 川奈静詩集 直江みちる・絵 浜ひるがおはパラボラアンテナ ★◎
158 若木良水詩集 西真里子・絵 光と風の中で
159 牧陽子詩集 渡辺あきお・絵 ねこの詩 ★◎
160 宮田滋子詩集 阿見みどり・絵 愛一輪 ★◎
161 井上灯美子詩集 唐沢静・絵 ことばのくさり ☆●
162 滝波万理子詩集 滝波裕子・絵 みんな王《おう》様《さま》 ★●
163 冨岡みち詩集 関口コオ・絵 かぞえられへんせんぞさん ★
164 垣内磯子詩集 辻恵子・切り絵 緑色のライオン ★◎
165 すぎもとれいこ詩集 平井辰夫・絵 ちょっといいことあったとき ★

166 岡田喜代子詩集 おぐらひろかず・絵 千年の音 ★☆◎
167 川奈静詩集 直江みちる・絵 ひもの屋さんの空 ★◎☆♥♡
168 鶴岡千代子詩集 武田淑子・絵 白い花火 ★☆
169 井上灯美子詩集 唐沢静・絵 ちいさい空をノックノック ★◎☆
170 尾崎杏子詩集 ひなた山すじゅう郎・絵 海辺のほいくえん ☆♡★◎
171 柘植愛子詩集 やなせたかし・絵 たんぽぽ線路 ☆♡★◎●
172 小林比呂古詩集 うめざわのりお・絵 横須賀スケッチ ☆★◎♡▲
173 林佐知子詩集 串田敦子・絵 きょうという日 ☆★◎♡▲
174 後藤基宗子詩集 岡澤由紀子・絵 風とあくしゅ ☆♥★◎♡
175 土屋律子詩集 高瀬のぶえ・絵 るすばんカレー ☆♡★◎▲
176 三輪アイ子詩集 深沢邦朗・絵 かたぐるましてよ ★☆♡
177 田辺瑞美子詩集 西真里子・絵 地球賛歌 ☆★◎
178 高瀬美代子詩集 小倉玲子・絵 オカリナを吹く少女 ☆♡
179 中野惠子詩集 串田敦子・絵 コロポックルでておいで ★♡☆●
180 松井節子詩集 阿見みどり・絵 風が遊びにきている ★☆♡▲

…ジュニアポエムシリーズ…

181	新谷智恵子詩集・徳田徳志芸・絵	とびたいペンギン	佐世保文学賞 ♡★◎▲
182	牛尾良子詩集・牛尾征治・写真	庭のおしゃべり	♡★◎
183	三枝ますみ詩集・髙見八重子・絵	サバンナの子守歌	☆★
184	佐藤雅子詩集・佐藤太清・菊池治子・絵	空の牧《まき》場《ば》	☆★♡■◎◈
185	山内弘子詩集・おぐらひろかず・絵	思い出のポケット	♡★●
186	山内弘子詩集・阿見みどり・絵	花の旅人	♡★▲
187	原国子詩集・牧野鈴子・絵	小鳥のしらせ	♡★△◎
188	人見敬子詩・絵	方《はこ》舟《ぶね》地球号 ―いのちは元気―	♡★◎
189	林佐知子詩集・串田敦子・絵	天にまっすぐ	★☆♡◎
190	小臣富子詩集・渡辺あきお・絵	わんさかわんさかどうぶつさん	✡♡★◎
191	川越文子詩集・かまだちえみ・写真	もうすぐだからね	♡★◎
192	永田喜久男詩集・武田淑子・絵	はんぶんごっこ	☆★◎♡
193	吉田房子詩集・大和田明代・絵	大地はすごい	★◎♡
194	石井春香詩集・髙見八重子・絵	人魚の祈り	★♡
195	石原一輝詩集・小倉玲子・絵	雲のひるね	♡
196	たかはしけいこ詩集・髙橋敏彦・絵	そのあと ひとは	★
197	宮田滋子詩集・おおた慶文・絵	風がふく日のお星さま	★♡◎
198	渡辺恵美子詩集・つるみゆき・絵	空をひとりじめ	★♡●
199	宮中雲子詩集・西真里子・絵	手と手のうた	★
200	杉本深由起詩集・太田大八・絵	漢字のかんじ	★♡✿
201	井上灯美子詩集・唐沢静・絵	心の窓が目だったら	★♡
202	峰松晶子詩集・おおた慶文・絵	きばなコスモスの道	★♡
203	高橋文子詩集・山中桃子・絵	八丈太鼓	★♡
204	長野貴子詩集・武田淑子・絵	星座の散歩	★♡
205	江口正子詩集・髙見八重子・絵	水の勇気	♡☆★
206	藤本美智子詩・絵	緑のふんすい	☆♡★
207	林佐知子詩集・串田敦子・絵	春はどどど	♡★◎
208	小関秀夫詩集・阿見みどり・絵	風のほとり	☆♡★
209	宗美津子詩集・宗信寛・絵	きたのもりのシマフクロウ	♡★
210	かわてせいぞう詩集・髙橋敏彦・絵	流れのある風景	☆♡★
211	土屋律子詩集・高瀬のぶえ・絵	ただいまぁ	★♡☆◎
212	永田喜久男詩集・武田淑子・絵	かえっておいで	☆♡★
213	みたみちこ詩集・牧進・絵	いのちの色	♡★
214	糸永えつこ詩集・糸永わかこ・絵	母です 息子です おかまいなく	♡☆★
215	宮田滋子詩集・武田淑子・絵	さくらが走る	♡☆★●
216	柏木恵美子詩集・吉野晃希男・絵	ひとりぼっちの子クジラ	♡★◎
217	江口正子詩集・髙見八重子・絵	小さな勇気	♡☆★
218	井上灯美子詩集・唐沢静・絵	いろのエンゼル	★♡
219	中島あやこ詩集・日向山寿十郎・絵	駅伝競走	★☆♡
220	高橋孝治詩集・髙見八重子・絵	空の道 心の道	★♡
221	江口正子詩集・日向山寿十郎・絵	勇気の子	♡☆★
222	宮田滋子詩集・牧野鈴子・絵	白鳥よ	☆★
223	井上良子詩集・銅版画	太陽の指環	★
224	川越文子詩集・山中桃子・絵	魔法のことば	♡☆★
225	西本みさこ詩集・上司かのん・絵	いつもいっしょ	☆♡

…ジュニアポエムシリーズ…

226 おばらいちこ詩集　高見八重子・絵　ぞうのジャンボ ☆★♡
227 吉田房子詩集　本田あまね・絵　まわしてみたい石臼 ★♡
228 吉田房子詩集　阿見みどり・絵　花　詩　集 ★♡◎
229 田中たみ子詩集　唐沢静・絵　へこたれんよ ★◎
230 林佐知子詩集　串田敦子・絵　この空につながる ★♡
231 藤本美智子　詩・絵　心のふうせん ★♡
232 火星雅範詩集　西川律子・絵　ささぶねうかべたよ ★♡▲
233 吉田房子詩集　岸田歌子・絵　ゆりかごのうた ★♡
234 むらかみみちこ詩集　むらかみあくる・絵　風のゆうびんやさん ★♡
235 白谷玲花詩集　阿見みどり・絵　柳川白秋めぐりの詩 ★♡
236 ほさかとしこ詩集　内山つとむ・絵　神さまと小鳥 ★☆♡
237 内田麟太郎詩集　長野ヒデ子・絵　まぜごはん ☆★◎♡▲
238 小林比呂古詩集　出口雄大・絵　きりりと一直線 ♡★
239 牛尾良子詩集　おぐらひろかず・絵　うしの土鈴とうさぎの土鈴 ★◎♡
240 山本純子詩集　ルイコ・絵　ふ　ふ　ふ ★♡☆◎
241 神田亮　詩・絵　天使の翼 ★☆♡
242 かんざわみえ詩集　阿見みどり・絵　子供の心大人の心さ迷いながら ☆★◎▲
243 永田喜久男詩集　内山つとむ・絵　つながっていく ★☆♡
244 浜野木碧　詩・絵　海原散歩 ☆★◎♡
245 やまうち・しゅうへい詩集　山本省三・絵　風のおくりもの ☆★◎♡
246 すぎもとれいこ　詩・絵　てんきになあれ ★◎
247 冨岡みち詩集　加藤真夢・絵　地球は家族　ひとつだよ ♡☆◎★
248 北野千賀詩集　滝波裕子・絵　花束のように ♡☆★◎
249 石原一輝詩集　加藤真夢・絵　ぼくらのうた ♡★◎
250 土屋律子詩集　高瀬のぶえ・絵　まほうのくつ ♡☆★◎
251 津坂治男詩集　井上良子・絵　白い太陽 ☆♡★◎
252 石井英行詩集　よしだちなつ・表紙絵　野原くん ☆★♡◎▲
253 井上灯美子詩集　唐沢静・絵　たからもの ☆♡★
254 大竹典子詩集　加藤真夢・絵　おたんじょう ☆★
255 たかはしけいこ詩集　織茂恭子・絵　流れ星 ★♡
256 谷川俊太郎詩集　下田昌克・絵　そして ♡★◎
257 なんば・みちこ詩集　布下満・絵　トックントックン　大空で大地で ★◎
258 宮本美智子詩集　阿見みどり・絵　夢の中に　そっと ★◎♡
259 成本和子詩集　阿見みどり・絵　天使の梯子 ★◎
260 海野文音詩集　牧野鈴子・絵　ナンドデモ ★♡
261 熊谷本郷詩集　永田萠・絵　かあさん　かあさん ★♡
262 大楠翠詩集　吉野晃希男・絵　おにいちゃんの紙飛行機 ★♡●
263 久保恵子詩集　たかせちなつ・絵　わたしの心は　風に舞う ★♡
264 みずかみさやか詩集　葉祥明・絵　五月の空のように ★♡
265 尾崎昭代詩集　中辻アヤ子・絵　たんぽぽの日 ★
266 はやしゆみ詩集　渡辺あきお・絵　わたしはきっと小鳥 ★
267 田沢節子詩集　永田萠・絵　わき水ぷっくん △★♡
268 柘植愛子詩集　そねはらまさえ・絵　赤いながぐつ ★♡
269 馬場与志子詩集　日向山寿十郎・絵　ジャンケンポンでかくれんぼ ♡
270 内田麟太郎詩集　高畠純・絵　たぬきのたまご

…ジュニアポエムシリーズ…

- 271 むらかみみちこ 詩・絵　家族のアルバム
- 272 井上和子 詩集／吉田瑠美 絵　風のあかちゃん
- 273 佐藤一志 詩集／日向山寿十郎 絵　自然の不思議
- 274 小沢千恵 詩・絵　やわらかな地球
- 275 あべこうぞう 詩集／大谷さなえ 絵　生きているしるし
- 276 宮田滋子 詩集／田中槇子 絵　チューリップのこもりうた
- 277 林佐知子 詩集／葉祥明 絵　空の日
- 278 いしがいようこ 詩集／髙見八重子 絵　ゆれる悲しみ
- 279 村瀬保子 詩集／武田淑子 絵　すきとおる朝

＊刊行の順番はシリーズ番号と異なる場合があります。

ジュニアポエムシリーズは、子どもにもわかる言葉で真実の世界をうたう個人詩集のシリーズです。

本シリーズからは、毎回多くの作品が教科書等の掲載詩に選ばれており、1974年以来、全国の小・中学校の図書館や公共図書館等で、長く、広く、読み継がれています。

心を育むポエムの世界。

一人でも多くの子どもや大人に豊かなポエムの世界が届くよう、ジュニアポエムシリーズはこれからも小さな灯をともし続けて参ります。

銀の小箱シリーズ

- 葉 祥明 詩・絵　小さな庭
- 若山 憲 詩・絵　白い煙突
- こばやしひろこ・詩　うめざわのりお・絵　みんななかよし
- 江口 正子・詩　油野 誠一・絵　みてみたい
- やなせたかし 詩・絵　あこがれよなかよくしよう
- 冨岡 みち・詩　関口 コオ・絵　ないしょやで
- 小林比呂古・詩　神谷 健雄・絵　花かたみ
- 小泉 周二・詩　辻 友紀子・絵　誕生日・おめでとう
- 柏原 耿子・詩　阿見みどり・絵　アハハ・ウフフ・オホホ★♡▲
- こばやしひろこ・詩　うめざわのりお・絵　ジャムパンみたいなお月さま★▲

銀の鈴文庫

- 小沢 千恵・詩　下田 昌克・絵　あのこ

すずのねえほん

- たかはしけいこ・詩　中釜浩一郎・絵　わたし★◎
- 尾上 尚子・詩　小倉 玲子・絵　ぽわぽわん
- 糸永えつこ・詩　高見八重子・絵　はるなつあきふゆもうひとつ★児文芸新人賞
- 山口 敦子・詩　高橋 宏幸・絵　ばあばとあそぼう
- あらい・まさはる・童謡　しのはられみ・絵　けさいちばんのおはようさん
- 佐藤 雅子・詩　佐藤 太清・絵　こもりうたのように●日本童謡賞　美しい日本の12ヵ月
- 柏木 隆雄・詩　やなせたかし他・絵　かんさつ日記★♡

アンソロジー

- 渡辺 浦人・編　村上 保・絵　赤い鳥 青い鳥●
- わたげの会・編　渡辺あきお・絵　花ひらく★
- 木曜会・編　西 真里子・絵　いまも星はでている★
- 木曜会・編　西 真里子・絵　いったりきたり♡
- 木曜会・編　西 真里子・絵　宇宙からのメッセージ
- 木曜会・編　西 真里子・絵　地球のキャッチボール★◎
- 木曜会・編　西 真里子・絵　おにぎりとんがった☆★◎
- 木曜会・編　西 真里子・絵　みぃーつけた♡★◎
- 木曜会・編　西 真里子・絵　ドキドキがとまらない
- 木曜会・編　西 真里子・絵　神さまのお通り★
- 木曜会・編　西 真里子・絵　公園の日だまりで★♡
- 木曜会・編　西 真里子・絵　ねこがのびをする♡★

掌の本 アンソロジー

- こころの詩 I
- しぜんの詩 I
- いのちの詩 I
- ありがとうの詩 I
- 詩集 希望
- 詩集 家族
- いのちの詩集―いきものと野菜
- ことばの詩集―方言と手紙
- 詩集―夢・おめでとう
- 詩集―ふるさと・旅立ち

心に残る本を　そっとポケットに　しのばせて…
・A7判（文庫本の半分サイズ）　・上製、箔押し